Hablemos Sexy

El Kama Sutra para Iniciar Conversaciones Sobre Fantasías Sexuales

¿Qué te prende *a ti*?

J.R. James

Enciende todavía más tu vida amorosa y explora todos los libros para parejas de J.R. James:

<u>Libros de juegos sexis para parejas</u>

¿Verdad o reto? Un juego sexi de elecciones traviesas (Edición caliente y salvaje).

¡Cambia tu vida sexual para siempre a través del poder de la diversión sexi con tu cónyuge, pareja o amante!

Vacaciones sexis para parejas
https://geni.us/Passion

CONTENIDO

AGRADECIMIENTOS

Me gustaría dar las gracias de todo corazón a nuestros fanáticos. La abrumadora popularidad de la serie *Hablemos de…* de libros de preguntas sexys ha sido increíble, y su éxito se lo debemos a ustedes, los lectores que desean tener más "sexy" en sus vidas. Muchas gracias. Que las conversaciones eróticas con sus cónyuges, parejas, amantes y amigos amplíen sus horizontes sexuales y esto los acerque más.

¡Gracias por comprar esta increíble compilación! ¡Los tres libros para iniciar conversaciones sexys de Hablemos de... están dentro de este enorme volumen! Mientras disfrutas de estas conversaciones sexys con tu amante, experimentarás mayor intimidad y verás cómo tu relación sexual mejora.

HABLEMOS DE FANTASÍAS SEXUALES Y DESEOS

Preguntas e Iniciadores de Conversación para Parejas Explorando Sus Intereses Sexuales

Libro 1

Sobre Qué Es Este Libro

Hace varios veranos, mi esposa y yo hicimos un viaje a través del país. Mientras conducíamos por las colinas y las llanuras doradas del Medio Oeste, hicimos lo que cualquier pareja normal puede hacer en un viaje por carretera juntos. Hablamos, escuchamos música y jugamos juegos aleatorios para pasar el tiempo. Al prepararnos para nuestro largo viaje, compré un "libro de preguntas" para parejas. Mientras nos turnábamos el volante, nos divertimos con las preguntas que el libro ofrecía.

En una de las páginas, había unas cuantas preguntas sexys del tipo "¿Considerarías...?" Mi esposa era la que conducía, así que era mi turno de preguntar. Mientras leía la página mi corazón se aceleró. Una de las preguntas era una enorme fantasía sexual mía. Por alguna razón, era algo con lo que nunca me había sentido cómodo de compartir con ella, pero ahí estaba mi oportunidad de preguntarle lo que pensaba al respecto. ¿La mejor parte? ¡No era realmente *yo* quien hacía la pregunta, era el *libro*! Nunca olvidaré la sensación eléctrica que sentí cuando pensó la pregunta por un momento y luego respondió, "Sí, podría estar abierta a eso."

Esa respuesta dio inicio a lo que yo considero la conversación más caliente y erótica que he tenido en mi vida. Habíamos estado juntos aproximadamente ocho años y, aun así, se sintió como si estuviera descubriendo su presencia sexual por primera vez. Esa tarde en el auto se quedará para siempre conmigo. Mi pulso todavía se acelera cada que lo recuerdo. Esta conversación tan sexualmente cargada nos llevó a muchas aventuras y discusiones asombrosas en los años que han pasado.

La experiencia me hizo notar que a menudo "reprimimos" nuestras fantasías secretas, deseos o pasiones de nuestra pareja sin siquiera saberlo.

Ya sea por pena o vergüenza, intencionalmente o no, puede que la gente nunca comparta lo que *realmente los excita*. Para eso es este libro. Es una herramienta que te permite hacer preguntas y explorar los gustos, disgustos, deseos y fantasías de tu pareja.

No importa si han estado saliendo por una semana o si han estado casados por diez años, si eres hetero, bi, gay lesbiana u otro, hay preguntas para todos. Los iniciadores de conversación en este libro varían de ligeros a explícitos. Si te sientes incómodo con alguna pregunta, continua con la siguiente. Puede que algunas de las parejas que lean este libro piensen que ya saben todo lo que hay por saber sobre su pareja. De cualquier forma, yo recomiendo que pasen por todas las preguntas. Tu pareja puede llegar a sorprenderte.

Ya sea que lean esto rodeados de velas y bebiendo una copa de vino, o durante un largo viaje en carretera, o incluso en una fiesta con otras parejas, mantengan sus oídos, corazones y mentes abiertos. Sean comprensivos. Sean honestos. Y recuerden, la discusión es clave.

¡Disfruten!

Lo Que Este Libro No Es

Este libro se creó para empujar los límites. Dicho esto, no está pensado para parejas ni individuos inseguros, ni para aquellos que puedan ser propensos a los celos.

Este libro no pretende reemplazar las discusiones terapéuticas y es únicamente para fines de entretenimiento. Si tu pareja y tú tienen problemas sexuales o relacionales, recomendamos ampliamente ir con un terapeuta marital o sexual.

No estamos recomendando ninguna de las cosas en este libro, ni alentamos ninguna acción o comportamiento que salgan del límite de confort de una persona. Además, no alentamos ni recomendamos ninguna práctica sexual insegura.

Los iniciadores de conversación en este libro no son una lista completa de cada fetiche, manía o fantasía. Estos son simples iniciadores de conversación que, con suerte, los llevará a discusiones más profundas. Así que, por favor, siéntanse libres de elaborar e improvisar en las preguntas.

1

¿Cuáles son las áreas de tu cuerpo en donde más te gusta que te besen? ¿Alguna zona erógena inusual?

2

Además de la habitación, ¿en qué otro lugar de la casa te gustaría tener sexo?

3

Describe una fantasía que nunca hayas compartido con nadie.

4

Fuera del hogar, ¿cuál es un lugar en el que te gustaría tener sexo?

5

Menciona una celebridad con la que te gustaría pasar una noche de pasión. ¿Qué tiene de sexy esa persona?

6

¿Qué opinas sobre los juegos de rol o los disfraces?
Describe un escenario de juego de rol que te excitaría.

7

¿Te gusta usar juguetes en la habitación? ¿Cuáles son tus favoritos? ¿Hay alguno que no tengas que te gustaría probar?

8

¿Qué opinas de ver a tu pareja besando a otra persona? ¿Y de verlos tener sexo?

9

Describe de principio a fin tu idea de una cita erótica.

10

Menciona tres canciones que te gustaría escuchar mientras tienes sexo. ¿Por qué esas canciones?

11

Dile a tu pareja cuáles son sus atributos físicos más atractivos.

12

¿Qué es más sexy, un cuerpo sensual, una personalidad divertidísima o una mente brillante?

13

Si alguien tuviera que verte a ti y a tu pareja tener sexo, ¿quién sería?

14

Menciona dos alimentos que consideres sexys o que te gustaría usar durante el sexo.

15

¿Cuáles son algunas de las prendas de ropa más sexys que usa tu pareja?
¿Hay algo en lo que te gustaría verlo?

16

¿Hay alguna posición sexual que siempre hayas querido probar pero nunca lo has hecho?

17

¿Te gusta hablar sucio o escuchar a tu pareja hablar sucio?

Si es así, ¿qué tipo de cosas te gusta decir o escuchar?

18

¿Cuál es tu posición sexual favorita? ¿Por qué?

19

¿Alguna vez has jugado Strip Poker (u otro juego erótico del estilo)? Si es así, describe la situación. Si no, ¿lo considerarías?

20

¿Alguna vez has nadado desnudo?
Si es así, ¿fue una experiencia erótica?
Si no, ¿lo considerarías?

21

¿Considerarías hacer swinging o intercambio de parejas?

Si es así, ¿hay algunos amigos que te imaginas que se unirían a ti y a tu pareja en la habitación?

22

¿Qué opinas acerca de tener sexo "en secreto" con tu pareja mientras hay otras personas cerca?

23

Excluyendo la pornografía, ¿hay alguna película que te excite? ¿Por qué?

24

*¿Qué tipo de iluminación
ambiental te parece sexy?*

25

Si fueras una estrella porno, ¿cómo se llamaría tu primera película y sobre qué sería?

26

¿Es excitante ver a tu pareja coquetear con otras personas?

27

¿Alguna vez has tenido sexo en un lugar público? Si no, ¿lo considerarías? ¿En dónde sería?

28

¿Alguna vez has tenido sexo en el trabajo?
Si no, ¿lo harías?
¿En dónde y cómo lo harías?

29

¿Cuál es el sueño más sexy que has tenido?

30

¿Te gusta dominar o ser sumiso?

31

¿Considerarías participar en un striptease amateur? ¿Qué canciones bailarías?

32

Describe tu primera experiencia sexual. ¿Hay algo que cambiarías?

33

¿Alguna vez has fantaseado con ser forzado a ver a tu pareja complacer a alguien más?

34

¿Alguna vez has tenido una aventura de una noche?
Si es así, describe la situación.

35

¿Alguna vez te han sorprendido masturbándote? Si es así, ¿por quién? ¿Qué hiciste cuando te descubrieron?

36

*¿Considerarías participar
en una orgía?
Si es así, ¿cuáles serían los
requisitos previos?*

37

¿Alguna vez irías a una playa nudista o algún resort de vestimenta opcional?

38

¿Qué partes del cuerpo femenino son las más atractivas sexualmente?

39

¿Qué partes del cuerpo masculino son las más atractivas sexualmente?

40

¿Preferirías ver a tu pareja juguetear con alguien del mismo sexo o del sexo opuesto?

41

¿Qué es lo que te excita más durante el sexo?

42

¿Qué te gusta hacer después de tener sexo?

43

¿Qué ropa te gusta que una mujer use para la cama? ¿Qué te gusta que un hombre use?

44

¿Alguna vez te ha pasado algo vergonzoso durante el sexo?

45

¿Eres ruidoso o reservado en la cama? ¿Te gusta escuchar el placer de tu pareja?

46

¿Cuándo fue la última vez que te masturbaste? ¿En qué pensabas?

47

¿Qué entiendes por "no-monogamia" y qué opinas al respecto?

48

¿Qué manías y fetiches te llaman la atención?

49

¿Hay alguna manía o fetiche que ya hayas probado?

50

¿Qué sabes sobre el sexo tántrico? ¿Alguna vez lo has probado?

51

¿Considerarías tener sexo delante de otras personas mientras ellos observan?

52

¿Te gustaría observar a otra pareja tener sexo en la misma habitación?

53

¿Alguna vez has asistido a una clase sexual? Si no, ¿qué tipo de clase te gustaría experimentar?

54

¿Qué es lo mejor que haces en la cama? ¿Cómo te hiciste tan bueno?

55

¿Qué tipo de besos te gustan más? Excluyendo a tu pareja actual, ¿quién ha sido el mejor besador que has conocido?

56

¿Cómo te gusta coquetear,
y cómo te gusta que te
coqueteen?

57

¿Cómo te gusta que tu pareja inicie el sexo? ¿Cuál es tu forma favorita de iniciar?

58

¿Luces encendidas o luces apagadas? ¿Por qué?

59

¿Qué es lo más sexy "no sexual" que alguien puede hacer para excitarte?

60

*¿Alguna vez te han
tomado fotos sexys?
¿Alguna vez has tomado
fotos sexys de alguien?*

61

De todas tus parejas sexuales (excluyendo a tu pareja actual), ¿quién ha sido la mejor y por qué?

62

¿Los uniformes te parecen sexys?

Si es así, ¿de qué tipo?

63

¿Los celos pueden ser eróticos? Intenta describir por qué sí o por qué no.

64

¿Alguna vez has tenido
sexo en un auto?
Si no, ¿lo probarías?

65

*¿Cuántas veces a la semana
es ideal tener sexo?*

66

¿Hay algún orgasmo que hayas tenido en tu vida que destaque particularmente?

67

¿Alguna vez los masajes son excitantes? ¿Alguna vez has tenido un masaje "inocente" que ha terminado en sexo?

68

¿Qué prefieres para el área púbica, con vello o sin vello?

69

¿Alguna vez has probado el sexo anal? Si es así, ¿qué tal estuvo? ¿Tienes alguna fantasía anal?

70

¿El tamaño importa? ¿Por qué sí o por qué no?

71

¿Alguna vez has usado esposas o bondage? Si no, ¿te gustaría usarlo?

72

¿Qué es más erótico, tener los ojos vendados o que tu pareja tenga los ojos vendados?

73

¿Alguna vez has recibido o alguna vez has dado un lap dance?

74

¿Cuál es tu momento favorito del día para tener sexo?

75

¿De qué parte de tu cuerpo te sientes más orgulloso?

76

¿Hay algo que disfrutarías verme hacer, ya sea solo o con alguien más?

77

¿Qué te ayuda a relajarte para que puedas estar completamente presente durante el sexo?

78

Termina la oración: Me encanta cuando...

79

Si tuvieras la oportunidad de dormir con otra persona además de mí, ¿quién sería?

80

¿Quién es la persona más "inapropiada" con la que has fantaseado?

81

Si tuvieras que elegir a una persona (que ambos conozcamos) para que se acueste conmigo una vez, ¿quién sería y por qué?

82

¿Cuántas parejas sexuales has tenido? ¿El sexo oral cuenta?

83

¿Alguna vez has tenido sexo con un desconocido? Si no, ¿cuánto dinero se necesitaría para tener sexo con un extraño atractivo? ¿Y con un extraño "promedio"?

84

¿Alguna vez has fingido
un orgasmo?
Si es así, ¿por qué?
Da una demostración de
fingir un orgasmo.

85

¿Cuál es la menor cantidad de tiempo que has conocido a alguien antes de acostarte con ellos?

86

¿Cuál es la menor cantidad de tiempo que ha pasado entre tener sexo con dos parejas diferentes?

87

¿Puedes recordar algún encuentro sexual que haya durado más de lo normal? Describe el encuentro.

88

¿Alguna vez te has sentido
atraído por la madre o el
padre de un amigo?
Si es así, descríbelos.

89

¿Alguna vez has pensado en alguien que no es tu pareja durante el sexo?

90

¿Qué opinas sobre la pornografía? Si estuvieras viendo un vídeo porno, describe una escena que te excitaría.

91

¿Alguna vez has tenido sexo telefónico? Si no, ¿lo harías? ¿Qué tipo de cosas dirías?

92

¿Qué opinas sobre el sexting? ¿Qué es lo más sexy que le puedes enviar a alguien?

93

¿Cuál es el lugar más extraño en el que te has masturbado? ¿Hay algún lugar en el que te gustaría intentarlo?

94

¿Qué sabes sobre el libro del Kama Sutra? ¿Alguna vez has probado algo del libro?

95

¿Alguna vez has fantaseado con alguno de tus maestros? Si es así, descríbelos. Si la oportunidad se hubiera presentado, ¿te habrías acostado con ellos?

96

¿Qué opinas sobre los "pases de pasillo"? (Permiso temporal para acostarse con alguien más.)

97

¿Qué lleva a sexo más caliente, el romance o la energía erótica?

98

¿Alguna vez has tenido un trío?

Si no, ¿lo considerarías?

¿Preferirías que la tercer persona fuera hombre o mujer?

99

Si aplica, ¿en dónde te gusta eyacular? ¿O en dónde te gusta recibir la eyaculación de tu pareja?

100

¿Hay algo que consideres completamente "fuera de los límites"? ¿Por qué? ¿Habría forma de hacerte cambiar de opinión?

101

¿Prefieres el sexo suave o rudo?

102

¿Alguna vez te has masturbado en secreto con otras personas alrededor?

103

¿Te gusta tirar del cabello o que tiren de tu cabello durante el sexo?

104

¿Te gusta dar o recibir nalgadas?

105

¿Qué opinas sobre el BDSM?
¿Hay algo que estarías dispuesto a probar si es que aún no lo has hecho?

106

¿El juego previo está subestimado o sobrevalorado? Describe tu idea de un buen juego previo.

107

¿Qué cosa debes saber hacer muy bien para excitarme?

HABLEMOS DE LA NO-MONOGAMIA

Preguntas e Iniciadores de Conversación para Parejas Explorando las Relaciones Abiertas, el Swinging o el Poliamor

Libro 2

Sobre Qué Es Este Libro

Si estás leyendo este libro, seguramente tu pareja o tú están interesados en explorar el mundo de la no-monogamia. ¿Emocionante? Sí. ¿Da miedo? Un poco. Tal vez ya hayan incursionado en la apertura de su relación. Algunas parejas experimentan con tríos, y empiezan a considerar probar cosas más atrevidas. Tal vez ustedes nunca han intentado nada por el estilo, pero tienen curiosidad, aunque están un poco indecisos. ¿Qué se sentirá? ¿Cómo lo haremos? ¿Cómo podría funcionar para nosotros como pareja? La no-monogamia puede ser erótica, emocionante, confusa y, en ocasiones, lo crean o no, puede acercar a las parejas. Ya sea que estén interesados en salir casualmente con otras personas, intercambiar parejas o abrir su corazón a varias parejas románticas, este libro puede ayudarte a ti y a tu pareja a tener conversaciones importantes que deben de tener previamente.

Lo que nos lleva a la receta secreta que las parejas usan para navegar exitosamente las relaciones no-monógamas. Aquí está: COMUNICACIÓN y HONESTIDAD. Impactante, ¿verdad? ¿Quién lo hubiera adivinado? Muchas parejas creen que tienen buena comunicación, y tal vez sí la tienen, pero cuando se trata de explorar una nueva dirección para la relación, el problema está en que "no saben ni lo que no saben". Hay veces que las parejas no consideran todas las cosas que debieron haber discutido antes de abrir su relación. Esto puede provocar sentimientos heridos, celos o algo peor. Eviten estas caídas y usen este libro para tener esas discusiones tan necesarias.

Algunas de las preguntas son una exploración de lo erótico, otras son introspectivas, incluso hay otras que pueden ser de naturaleza logística. Al considerar un estilo de vida no-monógamo, las parejas siempre deben discutir sus esperanzas, límites, miedos y deseos para asegurar relaciones sanas y exitosas.

Para aquellos que no están familiarizados con el panorama no-monógamo, hay muchos términos que pueden surgir al discutir estos temas. Les daré una breve explicación de algunos de estos términos. *Para ser claros: Hay muchas variaciones y tipos de relaciones no-monógamas y, algunas veces, estas pueden sobreponerse, así que, por favor, tengan en cuenta que estoy generalizando por simplicidad.*

Relación Abierta – Es una relación en la que las dos personas están de acuerdo en que ambos pueden tener relaciones sexuales con otras personas.

Swinging- Una pareja que puede tener encuentros sexuales con otras parejas, individuos o grupos.

Poliamor- La práctica de participar en múltiples relaciones sexuales, intimas o románticas con el consentimiento de todos los involucrados.

El Estilo de Vida- Es un término generalizado comúnmente utilizado por swingers para hacer referencia a parejas que participan en algún tipo de relación o estilo de vida no-monógamo.

Ahora, tómense el tiempo necesario para que ambos puedan explorar cuidadosamente sus sentimientos y discutan estos iniciadores de conversación. Respondan las preguntas atentamente, y profundicen en ustedes mismos para poder imaginar cómo se sentirían en situaciones específicas. Lo más importante es ser honesto contigo mismo y con tu pareja.

¡Disfruten!

Lo Que Este Libro No Es

Este libro se creó para empujar los límites. Dicho esto, no está pensado para parejas ni individuos inseguros, ni para aquellos que puedan ser propensos a los celos.

Este libro no pretende reemplazar las discusiones terapéuticas y es únicamente para fines de entretenimiento. Si tu pareja y tú tienen problemas sexuales o relacionales, recomendamos ampliamente ir con un terapeuta marital o sexual.

No estamos recomendando ninguna de las cosas en este libro, ni alentamos ninguna acción o comportamiento que salgan del límite de confort de una persona. Además, no alentamos ni recomendamos ninguna práctica sexual insegura.

Esta no es una lista completa de cada tipo y variante de las relaciones no-monógamas. Algunas de estas preguntas se refieren a la no-monogamia en general y otras son más específicas de un nicho en particular, como el swinging o el poliamor. Esto es intencional. Puede que tú y tu pareja no sepan todavía qué es lo que están buscando exactamente y está bien. Para eso son estas preguntas: para ayudar a que lo descubran. Después de discutirlo, puede que noten que se inclinan más hacia un tipo que a otro. Lo que importa es que ambos estén en la misma página y sepan lo que es mejor para su relación. Estos son simples iniciadores de conversación que, con suerte, los llevará a discusiones más profundas. Así que, por favor, siéntanse libres de elaborar e improvisar en las preguntas. ;)

1

¿Es excitante ver a tu pareja coquetear con otras personas?

2

¿Alguna vez has pensado en alguien que no es tu pareja durante el sexo?

3

¿Qué opinas sobre los "pases de pasillo"?
(Permiso temporal para acostarse con alguien más.)

4

¿Cuál es tu definición de una "relación abierta"?

5

¿Recuerdas alguna vez que te excitaste al ver a tu pareja interactuando con otra persona?

6

¿Qué es lo que más te interesa de la no-monogamia? ¿Por qué?

7

Si tuvieras que ver a tu pareja tener sexo con alguien más, ¿a quién elegirías y por qué?

8

¿Los celos pueden ser eróticos?

9

¿Cómo crees que funciona el swinging? ¿Qué opinas al respecto?

10

¿Consideras que puedes amar románticamente a más de una persona por igual?

11

Si nos mensajeamos o chateamos en línea con otras personas, ¿las conversaciones deben ser privadas o grupales?

12

¿Cómo te sentirías si intentara algo nuevo sexualmente con otra persona? Algo que nosotros nunca hemos probado.

13

Si alguien tuviera que vernos tener sexo, ¿a quién elegirías? ¿Te prende pensar en que alguien nos vea?

14

Si alguien de tu familia se enterara de esto, ¿qué crees que dirían?

15

¿Hay alguna acción física o sexual que debería ser reservada únicamente para nosotros?

16

¿Hay algo que siempre has querido probar con alguien más pero has dudado intentarlo conmigo?

17

Si tenemos sexo o relaciones íntimas con otras personas, ¿qué límites deberíamos establecer?

18

¿Cómo se quitan los celos?

19

Si hiciéramos intercambio de parejas con otra pareja, ¿preferirías que estuviéramos en la misma habitación o en habitaciones separadas?

20

¿Qué es algo que consideras especial para nosotros y solo nosotros?

21

Si hiciéramos swinging o intercambio de parejas, ¿a qué amigos imaginas uniéndose a nosotros en la cama?

22

¿Cuántos amantes son muchos amantes? ¿Existe tal cosa?

23

¿Preferirías ver a tu pareja juguetear con alguien del mismo sexo o del sexo opuesto?

24

Describe cómo coquetearías con alguien que no es tu pareja.
¿Cómo te gustaría que esa persona coqueteara contigo?

25

¿Qué opinas de sextear con otras personas?

26

¿Qué opinas sobre hacer un trío? ¿Preferirías que se uniera un hombre o una mujer?

27

¿Hay algo que consideres completamente "fuera de los límites"? ¿Por qué? ¿Habría forma de hacerte cambiar de opinión?

28

¿Alguna vez considerarías ir a un "club sexual"? Si es así, ¿te gustaría participar o solo "ver de qué se trata?

29

¿Cómo crees que la no-monogamia puede beneficiar nuestra relación?

30

¿Con qué frecuencia debemos hacernos pruebas de ITS (Infecciones de Transmisión Sexual)?

31

Completa el espacio en blanco: Me encantaría verte _____ con otra persona.

32

Describe, con lujo de detalles, cómo te gustaría que fuera tu primera experiencia no-monógama.

33

Una vez que seamos no-monógamos, ¿podríamos regresar a la monogamia? ¿Por qué sí o por qué no?

34

¿Qué haríamos si alguno de nosotros quisiera tomarse un descanso de la no-monogamia?

35

Si tuviera una novia o novio, ¿te gustaría conocerlos?

36

¿Considerarías participar en una orgía? Si es así, ¿cuáles serían los requisitos previos?

37

¿Alguna vez irías a una playa nudista o algún resort de vestimenta opcional? ¿Qué tal a un resort swinger friendly?

38

Si tuvieras que tener sexo con uno de tus ex, ¿con quién sería y por qué?

39

¿Reavivar una relación sexual con un ex debería estar fuera de los límites? ¿Por qué sí o por qué no?

40

¿Consideras que eres una persona posesiva?

41

¿Qué es más íntimo, una conexión emocional o una sexual?

42

Si tuviéramos una cita con otra pareja, ¿cómo describirías una noche perfecta con ellos?

43

¿Alguna vez has fantaseado con alguien que ambos conocemos?

44

¿Podemos acostarnos con amigos en común?

45

¿Qué te interesa más, jugar con otras parejas, individuos o grupos?

46

¿Alguna vez te masturbas pensando en alguien del trabajo, la escuela u otro lugar?

47

¿Estás buscando desarrollar relaciones a largo plazo o solo disfrutar de sexo casual?

48
¿Cómo planeas conocer a otras personas?

49

¿Cuáles son los riesgos para nuestra relación?

50

¿Crees que el romance debe ser solo entre nosotros, o deberíamos compartirlo con los demás?

51

¿Qué tan importante es reconectarnos después de un encuentro sexual con otra persona?

52

¿Te gustaría ver a otra pareja tener sexo? ¿Hay alguien específico que tengas en mente?

53

¿Cómo te sentirías teniendo sexo frente a un grupo de personas?

54

Si tuviera un cita a solas con otra persona, ¿te gustaría escuchar todos los detalles?
Y si tuviéramos sexo, ¿quisieras saber todo al respecto?

55

¿Hay alguna parte de una relación sexual con otra persona que debamos mantener en privado?

56

¿Qué te parece más atractivo: las relaciones abiertas, el swinging o el poliamor? ¿Por qué?

57

¿Disfrutas ver que alguien más me dé placer?
Si es así, describe una situación erótica que te gustaría ver.

58

¿Qué opinas de que un amante comparta nuestra cama?

59

Completa el espacio en blanco: Nunca quisiera verte _____ con otra persona.

60

Si fuera sexualmente activo con otra persona, ¿te importaría su género?

61

De todas tus parejas sexuales (excluyendo a tu pareja actual), ¿quién fue la mejor y por qué? ¿Te gustaría tener la oportunidad de tener sexo con ellos otra vez?

62

¿Qué preferirías, verme en una intensa sesión de besos frente a ti o escucharme tener sexo salvaje y ruidoso detrás de la puerta?

63

¿Cuánto tiempo a la semana deberíamos pasar con otras personas y cuánto solo nosotros dos?

64

¿Cuál sería un problema potencial o "punto débil" para nosotros si elegimos la vida no-monógama?

65

¿Hay algún amigo de confianza con el que podríamos hablar libremente al respecto? ¿Hay alguien que no quisiéramos que supiera?

66

¿Cuál es uno de mis atributos físicos o talentos sexuales que otros deberían poder disfrutar?

67

¿Cuál es uno de mis rasgos emocionales que otros deberían poder disfrutar?

68

*Si tuviéramos que pausar
otras relaciones íntimas
fuera de la nuestra, ¿cómo
te sentirías al respecto?*

69

¿Te considerarías una persona celosa? ¿Qué puedes hacer para disminuir los celos?

70

¿Qué es algo que hago que te hace sentir especial o amado? ¿Cómo te sentirías si hiciera eso con alguien más?

71

¿Qué opinas de tener un período de prueba para que intentemos la no-monogamia?

72

¿Cómo te sentirías si me fuera de viaje por varios días con otro amante?

73

¿Hay algún miedo que tengas de probar la no-monogamia?

74

Algunas personas consideran que hay cosas más íntimas que el coito, como besarse.
Para ti, ¿qué es lo más íntimo?

75

¿Qué tipo de protección deberíamos utilizar en encuentros fuera de nuestra relación? ¿Cambiaría si es una relación estable a si es una aventura de una noche?

76

¿Qué es preferible para nosotros como pareja, las aventuras de una noche o una relación sexual larga y continua?

77

Si lastimara tus sentimientos accidentalmente, ¿qué podría hacer para corregir la situación?

78

Si estamos con otra pareja y en medio de una situación sexual nos sentimos incómodos, ¿deberíamos tener una "palabra clave"? Si es así, ¿cuál debería ser?

79

¿Qué pensarías si llegara a tener sentimientos románticos por una pareja sexual?

80

¿Cuánto es el tiempo mínimo que debes conocer a una persona antes de acostarte con ella?

81

¿Cómo te sentirías si pasara la noche en casa de un amante?

82

¿Hay algún momento especial o días festivos que siempre deberíamos pasar juntos solo tú y yo?

83

Si aplica, ¿cómo manejaríamos un embarazo inesperado?

84

¿Deberíamos tener algún límite de tiempo para las relaciones eróticas con otras personas?

85

¿Cómo te sentirías si me involucrara sexualmente con alguien de mi trabajo?

86

Si tuviéramos una cita con otra pareja, y uno de nosotros sintiera atracción pero el otro no, ¿cómo manejaríamos la situación? ¿Uno de nosotros tendría que "sacrificarse" y proceder con el encuentro sexual?

87

Si estuviera saliendo con otra persona, ¿cuánto es el tiempo máximo que tú y yo deberíamos pasar separados?

88

Describe la diferencia entre "engañar" y "no-monogamia previamente acordada".

89

¿Cómo te sentirías si hago un comentario sobre el atractivo de alguien?

90

¿Hay alguna actividad sexual en las relaciones con otras personas que esté fuera de los límites?

91

¿Cómo te sentirías si me atrajera alguien que no se parece a ti ni actúa como tú?

92

Si tuviéramos que "juguetear" con otra pareja, ¿cómo sería? ¿Solo besos y caricias? ¿Sexo oral? ¿O un intercambio más intenso y caliente?

93

¿Te atrae alguno de mis amigos? Si tuvieras la oportunidad y mi consentimiento, ¿te gustaría tener sexo con alguno de ellos?

94

¿Qué lleva a sexo más caliente, el romance o la energía erótica?

95

¿Cómo te sentirías si trajera a un amante a la casa? ¿Y si pasara la noche en la casa?

96

Si estamos en medio de un encuentro sexual con otras personas, ¿cómo podríamos asegurarnos de que ambos estamos cómodos?

97

Si estamos saliendo con otras personas, ¿cómo podemos crear y mantener un espacio para nuestra relación?

98

¿Dirías que estás más nervioso, preocupado o emocionado de probar la no-monogamia?

99

¿Hay algún tipo de persona en particular con la que te gustaría verme o que crees que encajaría bien con mi personalidad?

100

¿Hay algún apodo que solo deberíamos usar entre nosotros?

101

¿Qué pasa si alguien nos coquetea o nos hace una propuesta sexual, pero no hemos tenido la oportunidad de discutirlo entre nosotros? ¿Actuamos en el momento?

102

¿Cómo te sentirías al ver un video de mí teniendo sexo con otra persona? Si te gusta la idea, ¿qué tipo de cosas te gustaría ver?

103

Si tenemos relaciones eróticas con otras personas, ¿qué es lo más importante que tenemos que hacer para mantener la confianza en nuestra relación?

104

¿Qué pensarías si tuviera sexo con un completo desconocido?

105

¿Quieres escuchar todos los detalles sucios de cualquier encuentro sexual fuera de nuestra relación o prefieres no escucharlos?

106

¿Hay alguna persona(s) en específico que sabemos que debe estar fuera de los límites sexuales? ¿Alguien que te haría sentir incómodo?

107

Sobre todo lo demás, ¿qué es algo que te gustaría que hiciera para que te sientas más cómodo explorando la no-monogamia?

HABLEMOS DE FETICHES Y MANÍAS SEXUALES

Preguntas e Iniciadores de Conversación para Parejas Explorando Su Lado Perverso y Salvaje

Libro 3

Sobre Qué Es Este Libro

A veces, las parejas pueden caer en patrones sexuales que se vuelven predecibles, incluso aburridos, después de un tiempo. Cuando se encuentran en una rutina sexual, la emoción erótica que antes les cosquilleaba por dentro se siente como un recuerdo perdido. Liberarse de la rutina es una de las muchas razones por las que una pareja podría explorar el mundo de las manías. Algunas personas saben, muy en el fondo, que tienen este "pequeño gustito" que *realmente* los enciende. Tal vez es dar nalgadas, o el voyeurismo, o la dominación- u otra cosa, pero sea lo que sea, ¡tienen una sensación especial cuando tienen la oportunidad de vivir esa fantasía! ¡Ahora es tu oportunidad de descubrir y discutir tu manía!

A través de una variedad de preguntas que tú y tu pareja podrán contestar por turnos, este libro los guiará a través de conversaciones sobre posibilidades bastante atrevidas y lo que *realmente* los prende. Les dará un buen punto de partida para explorar varias manías y fetiches que podrían interesarles. Si tu armario está lleno de látigos y trajes de látex, tal vez este libro sea muy básico para ti. Pero si no estás muy seguro de qué es lo que quieres, pero sabes que tienes que hacer *algo* para encender tu vida sexual, entonces este libro te puede ayudar. Así que, si estás familiarizado con el shibari o el kinbaku, o escondes una Violet Wand en uno de tus cajones, tal vez estés más avanzado que lo que ofrecemos. (¡Aunque siempre agradecemos los comentarios de los veteranos!) Entonces, si estás listo para descubrir y conocer tus manías secretas, vamos a proceder. ¡Después de todo, hasta los kinksters más experimentados tuvieron que empezar en algún momento, así que esta es tu oportunidad!

Primero necesitamos discutir la terminología y aclarar algunos puntos. (Para los expertos de las manías, por favor entiendan que estoy generalizando para simplificar.) Para aquellos que no saben, las manías, básicamente, son todo lo que se considera como conductas sexuales "fuera de lo normal" y fetiches que exigen algún tipo de objeto para la satisfacción sexual. Por ejemplo, el swinging podría ser considerado una "manía", mientras que la atracción sexual a los pies podría ser considerada un "fetiche". Todos los fetiches son manías, pero no todas las manías son fetiches. Como podrán imaginarse, al haber TANTAS cosas fuera de las conductas sexuales "normales", también hay una extensa variedad de manías y fetiches. Estas preguntas hablarán sobre las más comunes.

Las tres cosas más importantes que hay que recordar cuando estamos hablando de sexo "pervertido" son: **CONSENTIMIENTO**, **CONSENTIMIENTO** y **CONSENTIMIENTO**. Si se van a adentrar en el mundo de las manías, deben de estar completamente seguros de que todos los involucrados están en la misma página todo el tiempo. Recuerden, lo que le da placer "kinky" a una persona, puede ser incómodo o hasta desagradable para otra. Es por eso que la discusión es sumamente importante, tanto por placer como por seguridad. Algunas manías pueden llegar a ser peligrosas física o emocionalmente, y debes asegurarte de que todos los involucrados hayan dado su consentimiento explícitamente en todo momento.

También ayuda saber que muchas, muchas manías se pueden intersecar una con otra o sobreponerse. Por ejemplo, el bondage es técnicamente BDSM, pero también puede involucrar un poco de dominación. En las circunstancias correctas, el swinging también puede ser considerado sexo grupal. De nuevo, por simplicidad, no estamos diciendo que cada manía incluida en este libro cae directamente en *una* categoría, pueden caer fácilmente en muchas categorías. Solo queremos darles una idea de las categorías que se pueden involucrar.

Ahora que hemos cubierto esos puntos, avancemos a las preguntas como tal. Este libro está hecho ligeramente diferente a nuestros otros libros de la serie *Más Allá de las Sábanas*. Aún tenemos las preguntas de discusión en cada página, pero debajo de cada pregunta hemos incluido manías y fetiches que podrían interesarles dependiendo de sus respuestas. Recuerden, esto solo es para ayudarlos a conocer la manía para que puedan buscar más información sobre ella si así lo desean. ¿Listos para explorar? Bueno, ¡adelante!

Lo Que Este Libro No Es

Este libro puede empujar sus límites. Dicho esto, no está pensado para parejas ni individuos inseguros, ni para aquellos que puedan ser propensos a los celos.

Este libro no pretende reemplazar las discusiones terapéuticas y es únicamente para fines de entretenimiento. Si tu pareja y tú tienen problemas sexuales o relacionales, recomendamos ampliamente ir con un terapeuta marital o sexual.

No estamos recomendando ninguna de las cosas en este libro, ni alentamos ninguna acción o comportamiento que salgan del límite de confort de una persona. Además, no alentamos ni recomendamos ninguna práctica sexual insegura.

Los iniciadores de conversación en este libro no son una lista completa de cada fetiche o manía. Hemos excluido manías específicas que podrían ser consideradas "extremas" física o emocionalmente. También hemos excluido manías que podrían ser detonantes para aquellos que tengan traumas sexuales del pasado.

Estos son simples iniciadores de conversación que pueden guiarlos a discusiones más profundas o a la exploración. Así que, por favor, siéntanse libres de elaborar e improvisar en las preguntas.

1

Si tu amante tuviera una varita que al contacto con tu piel se sintiera como un cosquilleo de champán caliente, ¿te excitarías?

(Electrofilia)

2

¿Te gusta que tu amante bese, lama o sople en tus pezones?

(Juego de pezones)

3

¿Alguna vez has fantaseado con ser un stripper? ¿O te has preguntado cómo sería hacerle un baile erótico a un extraño?

(Exhibicionismo)

4

¿Alguna vez has tenido curiosidad sobre los "clubs sexuales"? ¿Estás dispuesto a visitar uno solo para ver cómo son?

(Swinging)

5

¿Te gustaría ser "usado" como juguete? ¿O ser un "juguete sexual vivo"?

(Sumisión)

6

¿La idea de alimentar a tu pareja mientras tiene los ojos vendados te parece erótica?

(Sitofilia)

7

Después de tener sexo con tu pareja, ¿alguna vez has sentido que puedes seguir y seguir? ¿Es difícil satisfacer tu apetito sexual?

(Gangbangs)

8

¿Te gustaría que tu amante se sometiera a todos tus caprichos? ¿Te gustaría que fuera tu "esclavo" y que cumpliera con todas tus peticiones sexuales?

(Dominación)

9

Otra persona está follando con tu pareja y lo único que puedes hacer es ver que suceda. Escuchas sus gemidos de placer mientras se mueven juntos en la cama y tú solo estás ahí sentado. ¿Estás excitado?

(Cuckolding - cornudos o Cuckqueaning - cornudas)

10

¿Disfrutas cuando tu pareja introduce un dedo en tu recto mientras están teniendo sexo?

(Enculada o pedicación)

11

¿Te gustaría que tu pareja te sostuviera en sus brazos mientras te arrulla y te consiente?

(Autonepiofilia o bebés adultos)

12

¿Cómo te sentirías si tu cuerpo completo estuviera envuelto en látex? Con cada movimiento que haces, sientes cómo el látex se estira en tu piel.
Si te gusta la idea, describe qué harías mientras lo usas.

(Fetichismo de látex)

13

¿Algunas veces quisieras que tu pareja tome el control durante el sexo? ¿Te gustaría que estuviera más a cargo en la actividad sexual?

(Sumisión)

14

¿Qué uniforme o disfraz te gustaría que usara antes del sexo? ¿A ti qué te gustaría ponerte?

(Juego de roles)

15

¿Crees que el dolor puede ser placentero?
Si es así, describe un escenario que considerarías excitante.

(BDSM)

16

¿Los pies de tu pareja te parecen especialmente atractivos? ¿Hay algo en ellos que te atraiga?

(Podofilia o fetiche de pies)

17

¿Disfrutas que te den nalgadas durante el sexo? ¿Quisieras nalgadas más fuertes y frecuentes?

(Azotes o nalgadas)

18

¿Alguna vez has fantaseado sobre ser del género opuesto o ponerte ropa de ese género?

(Transformismo)

19

¿La idea de tener los brazos sujetados mientras tu amante te destroza te parece emocionante? Si es así, describe un escenario que te prendería.

(Sumisión)

20

Imagina que estás en una noche de campamento con amigos. De alguna manera se convirtió en una sesión de besos grupal alrededor de la fogata. Alguien sugiere que vayan todos a una tienda de campaña. ¿Dices que sí? Si es así, ¿qué pasa en la tienda de campaña?

(Sexo grupal)

21

Si mientras te das un baño con tu pareja, se arrodilla frente a ti y te pide que lo orines, ¿lo harías? ¿Cómo te sentirías al respecto?

(Urolagnia o Lluvia dorada)

22

¿Cómo te hace sentir la sensación del cuero ajustado en tu piel? ¿Los pantalones o chaquetas de cuero son sexys por naturaleza?

(Subcultura leather)

23

¿Te gustaría que tu pareja te esposara a la cama mientras explora tu cuerpo lentamente con la lengua?

(Bondage)

24

¿Te interesa tener un trio? ¿Un cuarteto? ¿O algo más allá? Describe qué experiencia te gustaría tener.

(Swinging)

25

Imagina entrar en una tienda pequeña, pero no ves ningún cliente ni vendedores. Mientras te diriges hacia el fondo de la tienda, escuchas gemidos de placer saliendo de un vestidor y es obvio que dos personas están follando. ¿Te excita saber que puedes escucharlos sin que ellos sepan que estás ahí?

(Voyeurismo)

26

¿Quieres que tu amante te estimule analmente? ¿Qué opinas de usar un vibrador analmente?

(Enculada o pedicación)

27

¿Qué opinas de tener sexo en un lugar público donde es posible que la gente los vea?

(Exhibicionismo)

28

¿Te gustaría que tu amante te monte a horcajadas y gotee cera de una vela en tu pecho desnudo?

(Juego con cera)

29

¿La electricidad estática es una sensación erótica?

(Electrofilia)

30

¿Es excitante pensar en tu pareja yendo una cita sin ti, teniendo sexo desenfrenado y después que llegue a casa a contarte todo?

(Cuckolding - cornudos o Cuckqueaning - cornudas)

31

¿Es excitante pensar que tu pareja te haga llorar del shock o la sorpresa de una nalgada inesperada durante el sexo?

(BDSM)

32

¿Te gustaría cubrir a tu amante en chocolate y lamerlo en su cuerpo? Si no fuera chocolate, ¿te gustaría usar otro alimento?

(Sitofilia)

33

¿Alguna vez has fantaseado con ser forzado a ver a tu pareja complacer a alguien más?

(Cuckolding - cornudos o Cuckqueaning - cornudas)

34

¿Te gustaría actuar una escena sexual con tu pareja? ¿Cómo sería? ¿Qué quisieras que hiciera o dijera tu pareja?

(Juego de roles)

35

¿Te emociona pensar en sujetar a tu amante y sostener sus muñecas mientras lo follas? ¿Quieres estar encima y a cargo?

(Dominación)

36

¿Te gustaría que inclinarte sobre las rodillas de tu pareja y que te azote? ¿Te excitaría?

(Azotes o nalgadas)

37

¿Te prende la idea del squirting?
Si eres mujer, ¿alguna vez has tenido un squirt al llegar al orgasmo?

(Urolagnia o Lluvia dorada)

38

Estás en una fiesta y la estás pasando muy bien. Parece que un grupo de amigos han ido a un dormitorio y se están quitando la ropa. Es obvio que están a punto de tener sexo. ¿Te interesa unirte a ellos?

(Sexo grupal)

39

¿Te gusta cuando tu amante muerde o pellizca tus pezones?
Si es así, ¿prefieres que lo haga fuerte o suave?

(Juego de pezones)

40

¿Te gusta la idea de abrazar a tu amante mientras usas pañales para adultos, siendo tratado como un bebé?

(Autonepiofilia o bebés adultos)

41

Imagina que entras tarde a una sala de cine y te sientas en la última fila. Solo hay otra pareja en la sala y están sentados en la primera fila. No notan que estás ahí. Antes de saberlo, están follando escandalosamente. ¿Qué haces?

(Voyeurismo)

42

¿Te excita la idea de ser tratado por tu amante como una mascota o un animal?

(Pet play o juego de mascotas)

43

¿Te parece sexy la idea de tener a muchas personas al mismo tiempo satisfaciéndote sexualmente? Imagina una persona tras otra follándote consecutivamente hasta que estés exhausto. ¿Te excita?

(Gangbangs)

44

¿Te excita la idea de usar un pepino u otro vegetal como dildo?

(Sitofilia)

45

¿Te interesa utilizar corsés o shorts de cuero?

(Subcultura leather)

46

¿Alguna vez has querido chupar los dedos de los pies de tu pareja?

(Podofilia o fetiche de pies)

47

¿Sería excitante tener las manos y los pies atados con cuerda?

(Bondage)

48

Tu mejor amigo, tu pareja y tú están pasando el rato por la noche. En un reto absurdo, tu pareja y tu amigo se empiezan a besar. ¿Qué te gustaría que pasara después?

(Swinging)

49

¿Disfrutas el sexo anal?
¿Qué disfrutas
normalmente, dar o recibir?
¿Estarías dispuesto a
cambiarlo?

(Enculada o pedicación)

50

¿Consideras que el sexo es una experiencia espiritual? ¿Te gustaría aprender a prolongar la experiencia y a compartir energía erótica con tu pareja en más que en el sentido físico?

(Tantra o tantrismo)

51

¿Te gustaría ordenarle a tu pareja que no se mueva mientras lo tentas sexualmente? ¿Te excita verlo intentar obedecer?

(Dominación)

52

Si tu pareja te monta a horcajadas desnudo mientras se besan, ¿cómo te sentirías si de pronto te orina la pierna? ¿Te excitarías o al contrario?

(Urolagnia o Lluvia dorada)

53

¿Te excita pensar en tu pareja azotando suavemente tu cuerpo con correas de cuero?

(BDSM)

54

¿Alguna vez imaginas escenarios sexys en los que tú y tu pareja actúan un papel? Por ejemplo, una "estudiante" debe quedarse después de clase con el "maestro"?

(Juego de roles)

55

Si tú y tu pareja estuvieran en la playa, tomando el sol y besándose, ¿te excitaría saber que hay personas mirándolos?

(Exhibicionismo)

56

¿Te parece erótico pensar en tu pareja comparándote con otro amante? ¿Y si estuviera diciéndote lo mejor que es la otra persona en la cama?

(Cuckolding - cornudo or Cuckqueaning - cornuda)

57

¿Te gustaría tener los ojos vendados y que tu pareja te ordene que obedezcas sus órdenes? ¿Disfrutarías ser obediente?

(Sumisión)

58

¿El pensamiento de luchar mientras estás atado te parece excitante o sensual?

(Bondage)

59

¿Te gustaría ser el disciplinario en una relación sexual?

(Dominación)

60

¿Te excita la idea de escuchar a tu pareja decir cosas sucias y maldecir durante el sexo? ¿Qué te gustaría escucharlos decir?

(Hablar sucio)

61

¿Te gustaría masturbarte delante de tu pareja (u otras personas)?

(Exhibicionismo)

62

¿Te gustaría que tu pareja usara sus pies o sus dedos de los pies para hacer que termines?

(Podofilia o fetiche de pies)

63

¿Pueden los celos o la humillación sentirse sexualmente excitantes?

(Cuckolding - cornudos or Cuckqueaning - cornudas)

64

¿Usar un traje ajustado y brilloso te parece una idea sexy?

(Fetichismo de látex)

65

¿Cómo te sentirías si tu pareja te pusiera un collar y una correa? ¿Y si te hiciera comer de un plato en el piso?

(Pet play o juego de mascotas)

66

¿Te gustaría sentir a tu pareja deslizar su lengua entre tus nalgas y lamer tu ano? ¿Te gustaría probarlo en él también?

(Anilingus)

67

Imagina a tu pareja acariciando suavemente tu cuerpo desnudo con una pluma mientras estás boca arriba. ¿La sensación de las cosquillas sería una carga sexual?

(Knismolagnia o fetiche de cosquillas)

68

¿Te gusta el sexo rudo?
¿La idea de que te muerdan
o tiren de tu cabello te
parece excitante?

(BDSM)

69

¿Te gustaría despertar con tu pareja acariciándote o dándote sexo oral? ¿Ver a tu amante dormido te parece excitante?

(Sexsomnia)

70

¿Te parece erótico tener sexo con tu pareja mientras está totalmente vestido? ¿Y si tú también tuvieras toda tu ropa puesta?

(Enditofilia)

71

¿Te excitaría ver a una pareja teniendo sexo en los videos de una cámara de seguridad?

(Voyeurismo)

72

¿La idea de un grupo caliente y sudoroso de personas teniendo sexo te atrae? ¿Alguna vez has querido experimentar una orgía?

(Sexo grupal)

73

¿Qué pensarías si tú y tu pareja fueran a una cita doble con otra pareja y todos terminaran juntos en la cama?
Si te gusta la idea, ¿hay alguna pareja que te imaginas que se uniría a ustedes en la cama?

(Swinging)

74

¿Te gustaría visitar una playa o un resort nudista?

(Exhibicionismo)

75

¿Hay algo sexy, erótico y primitivo sobre el fuego? ¿Te parece sensual la sensación caliente de una llama?

(Pirofilia)

76

¿Disfrutas que masajeen tu pecho o que chupen tus pezones?

(Juego de pezones)

77

¿Te prende la sensación de usar spandex o prendas ajustadas y resbaladizas? ¿Disfrutas ver a tu amante usando prendas así?

(Fetichismo de látex)

78

¿Te excita pensar en ser arrojado contra la pared y fuertemente azotado?

(BDSM)

79

¿Te gustaría ver a tu pareja con ropa totalmente diferente a la que acostumbra usar?
Por ejemplo, una mujer femenina usando ropa de construcción, o un hombre masculino usando lencería?

(Transformismo)

80

¿Te gusta fingir que tu amante es alguien más durante el sexo?

(Juego de roles)

81

¿Te prendería referirte a tu pareja como "Señor", "Señora", "Amo" o "Ama" durante el sexo? ¿Consideras erótico el ser "inferior" a ellos?

(Sumisión)

82

Imagina estar acostado desnudo en la cama mientras estás ligeramente atado y con los ojos vendados. Tu pareja te tienta de diferentes maneras sin decir una palabra. ¿Suena excitante?

(Sensualidad)

83

¿Te gustaría ser amordazado por tu pareja mientras te folla fuertemente?

(BDSM)

84

¿Te gustaría que tu pareja te discipline con una palmeta/paddle?

(Azotes o nalgadas)

85

¿Te gustaría ser follada por atrás con un dildo o un pene? ¿Te excitaría?

(Enculada o pedicación)

86

¿Alguna vez has querido lamer crema batida del cuerpo de tu amante?

(Sitofilia)

87

*Imagina tener que mantenerte completamente callado durante el sexo, sin palabras ni sonidos.
¿Te parece un desafío erótico?*

(Sexo silencioso)

88

Si tu pareja y tú fingieran ser completos desconocidos que se conocen y tienen sexo apasionado, ¿te gustaría o te parecería extraño?

(Juego de roles)

89

¿Alguna vez te has excitado en medio de una "pelea de cosquillas"?

(Knismolagnia o fetiche de cosquillas)

90

¿Te excitan las medias o los calcetines en pies "atractivos"? ¿O qué tal una persona sexy quitándose los zapatos?

(Podofilia o fetiche de pies)

91

Si tu pareja tuviera la habilidad de dar choques eléctricos en cualquier parte de tu cuerpo a voluntad, ¿te interesaría?

(Electrofilia)

92

¿Te interesa tener una experiencia sexual más profunda y sensual con tu pareja?

(Tantra o tantrismo)

93

¿Estarías dispuesto a tener las manos atadas y colgadas del techo, tu pareja tentando tu cuerpo mientras estás indefenso?

(Bondage)

94

¿Te gustaría le sensación de una vara delgada golpeando la parte inferior de tus pies descalzos?

(El castigo con palmeta

95

¿Alguna vez has disfrutado del sexo con tu pareja mientras usan su ropa interior o que solo empujaron las bragas a un lado?

(Enditofilia)

96

¿El pensamiento de hacer el amor con tu pareja en una habitación llena de desconocidos te prende? Si es así, describe qué es lo más erótico de eso.

(Exhibicionismo)

97

¿Es emocionante imaginar no tener forma de ver o escuchar lo que tu amante pueda hacerte en la cama? Cada sensación sería una sorpresa.

(Sensualidad)

98

¿Alguna vez te ha parecido excitante el acto de orinar?

(Urolagnia o Lluvia dorada)

99

¿Alguna vez fantaseas con ser el centro de atención sexual en un grupo de personas? Todos están ahí solo para complacerte. ¿Te interesa?

(Gangbangs)

100

¿Tienes los pezones perforados o te interesa perforártelos?

(Juego de pezones)

101

¿El ser "castigado" por tu amante en la habitación te parece una idea sexualmente emocionante?

(BDSM)

102

¿Alguna vez has querido que tu pareja deslice un cubo de hielo por tu cuerpo desnudo?

(Sensualidad)

103

¿Te interesaría que tu pareja te dijera exactamente qué ropa usar en un escenario sexual?

(Sumisión)

104

¿Te gustaría ver a alguien más grande, más fuerte o más atractivo que tú satisfacer sexualmente a tu pareja?

(Cuckolding - cornudos o Cuckqueaning - cornudas)

105

¿Te excita pensar en tu pareja humillándose mientras se arrodillan frente a ti? ¿Y hacerlos besar tus pies?

(Dominación)

106

¿Hay algún fetiche o manía que te interese que no hayamos incluido en el libro?

107

¿Te gustaría probar alguna de las manías que discutimos hoy?

SOBRE EL AUTOR

J.R. James sabe que las conversaciones sexys con tu pareja son una experiencia de vinculación mágica. Sus libros de preguntas *best-sellers* incitan a las parejas a tener discusiones sexuales honestas y abiertas. El resultado es una relación cargada de erotismo y sexualmente liberadora.

Enciende todavía más tu vida amorosa y explora todos los libros para parejas de J.R. James:

<u>Libros de juegos sexis para parejas</u>

¿Verdad o reto? Un juego sexi de elecciones traviesas (Edición caliente y salvaje).

¡Cambia tu vida sexual para siempre a través del poder de la diversión sexi con tu cónyuge, pareja o amante!

Vacaciones sexis para parejas
https://geni.us/Passion

www.ingramcontent.com/pod-product-compliance
Lightning Source LLC
Chambersburg PA
CBHW051711020426
42333CB00014B/934